AF460094

LES ARMES
et le BLASON
des
Principaux Estats
du
MONDE
A PARIS
en la Cour
S. Eloy
1659
Auec Priuilege du Roy pour 20 ans.

BARBARIE

Parti d'Azur et de Gueules, au Croissant d'Argent.

Roïaume de
MAROCH

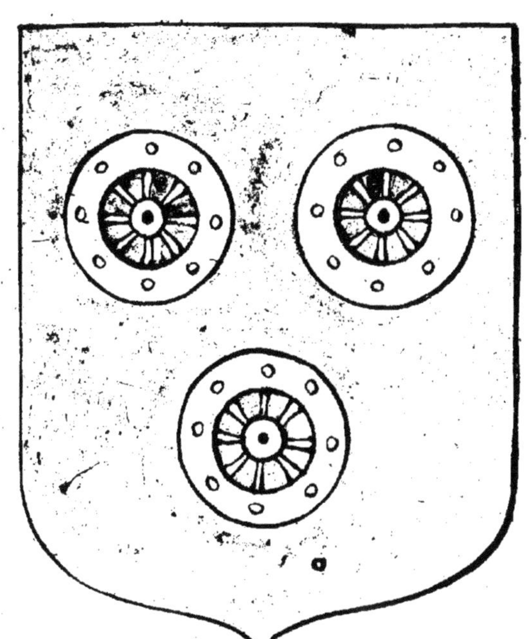

d'Or, a 3 Roües d'Argent.

Roïaume
d'EGYPTE

d'Or, a Trois Serpens de Sable, Ondoïans en Fasce.

ABISSINIE

d'Azur, a la Croix d'Or
chargée d'vn Crucifix
d'Argent.

MALTHE

de Gueules, a la Croix
d'Argent.

Royaume de

LA MONTAGNE

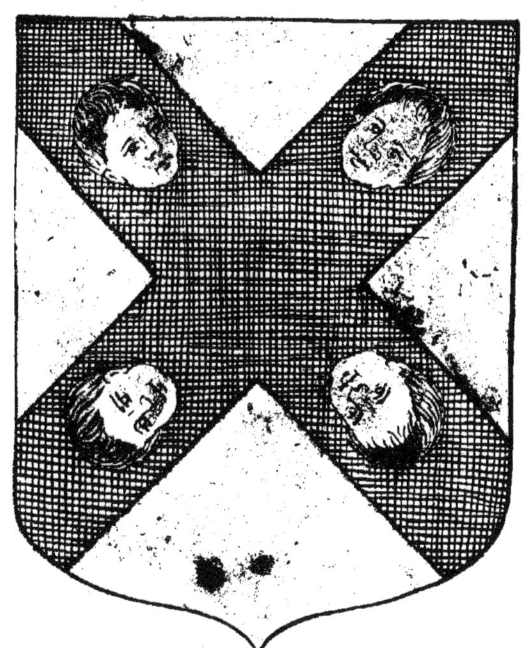

d'Or, au Sautoir de Sable, chargé de 4 testes d'Enfans au Naturel, Cheuelées d'Or.

CYPRE

Lusignan

Burellé d'Argent et d'Azur; au Lyon de Gueules, Couronné, Armé et Lampassé d'Or, la Queüe fourchée et passée en Sautoir, Brochant sur le Tout.

Sophi de
PERSE

d'Or, a la Teste de
Bufle de Sable.

EMPIRE DE TARTARIE

d'Or, au Hibou de Sable.

INDE

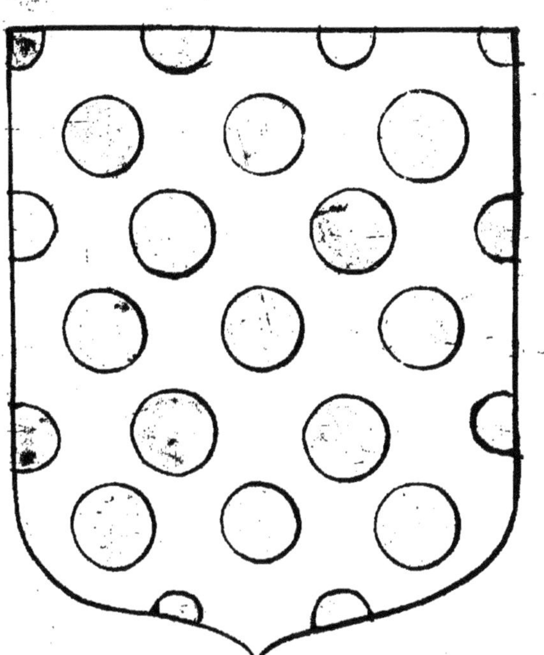

d'Argent Semé
de Besans d'Or.

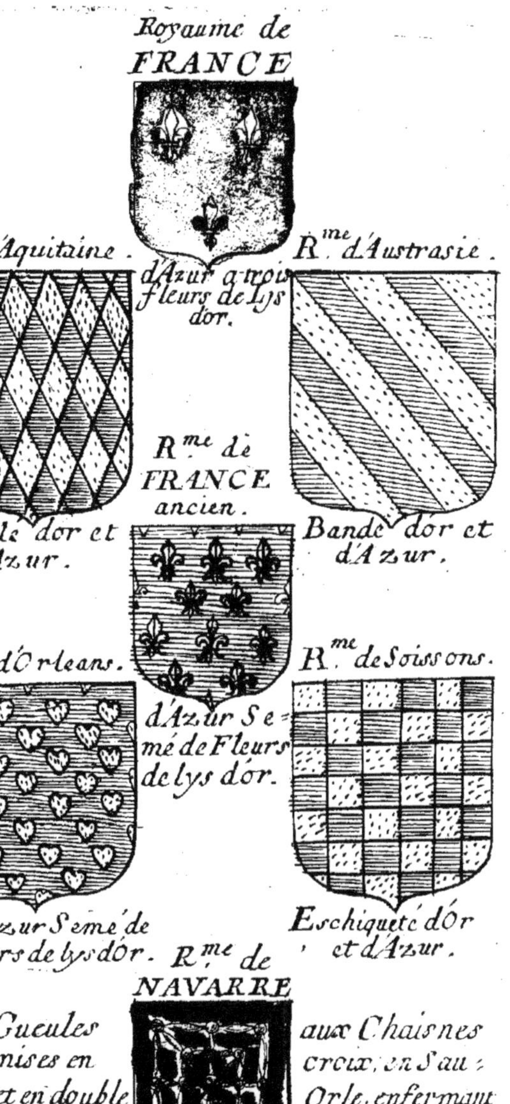
Royaume de FRANCE
d'Azur a trois Fleurs de Lys d'or.
Rme. d'Aquitaine.
Fuselé d'or et d'Azur.
Rme. d'Austrasie.
Bandé d'or et d'Azur.
Rme. de FRANCE ancien.
d'Azur Semé de Fleurs de lys d'or.
Rme. d'Orleans.
D'Azur Semé de Coeurs de lys d'or.
Rme. de Soissons.
Eschiqueté d'Or et d'Azur.
Rme. de NAVARRE
De Gueules aux Chaisnes d'or mises en croix, en Sautoir et en double Orle, enfermant une Emeraude en Coeur.

CASTILLE

de Gueules, au Chau d'Or Sommé de 3 Tours de mesme, chacune auec trois Creneaux maçonnés de Sable, la porte et les fenestres d'Azur.

PORTVGAL

d'Argent, a 5 Escussons d'Azur mis en Croix, chacun chargé de cinq Bezans d'Argent, Sur chacun d'iceux un point de Sable: a la Bordure de Gueules chargée de 7 Chasteaux d'Or maçonnés de Sable.

Zelande

HOLANDE

Gueldres

Vtrecht

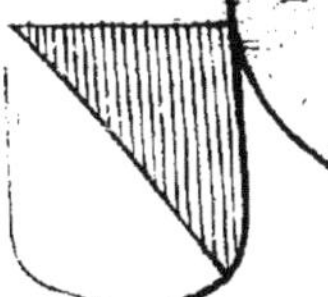

Zutphen

d'Or, au Lyon de Gueules,
armé et lampassé d'Azur.

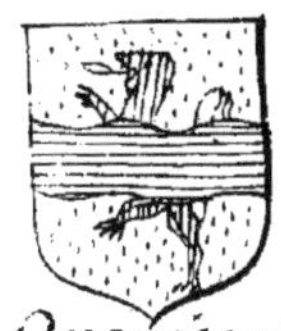

Ouerissel

Frise.

Groningue

FLANDRE

d'Or, au Lyon de Sable, armé et Lampassé de Gueules.

LORRAINE

d'Or, a la Bande de Gueules
chargée de 3 Alerions d'Argent.

FRANCHE-COMTÉ

d'Azur, au Lyon d'Or, l'Ecu
Semé de Billettes de mesme.

Les XIII. Cantons Suisses

Zurich

Berne

Lucerne

Vri

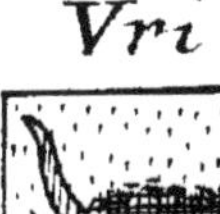

Suitz

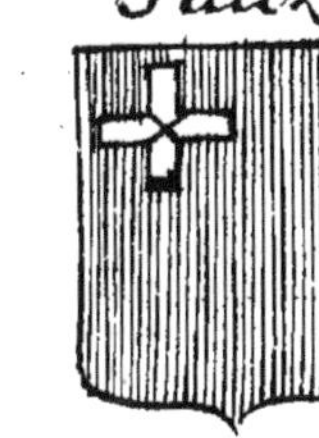

Vnderualde

Zug

Glaris

Basle

Fribourg

Soleurre

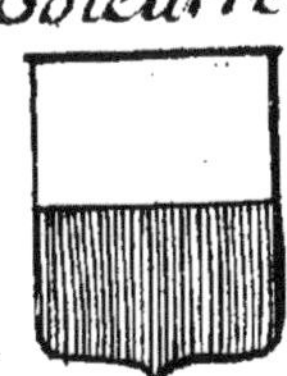

Schafouse

Appenzel

Les Alliez des Suisses

Ligue Grise

la Cadée

Dix Droitures

Valais

Ab. S. Gall

Ville de S. Gall

Neuchatel

Biel

Geneue

Mulhausen

Rotuueil

SAVOYE

De Güeules, a la Croix d'Argent.

Venise

Toscane

Mantoüe

L'EGLISE

Genes

Modene

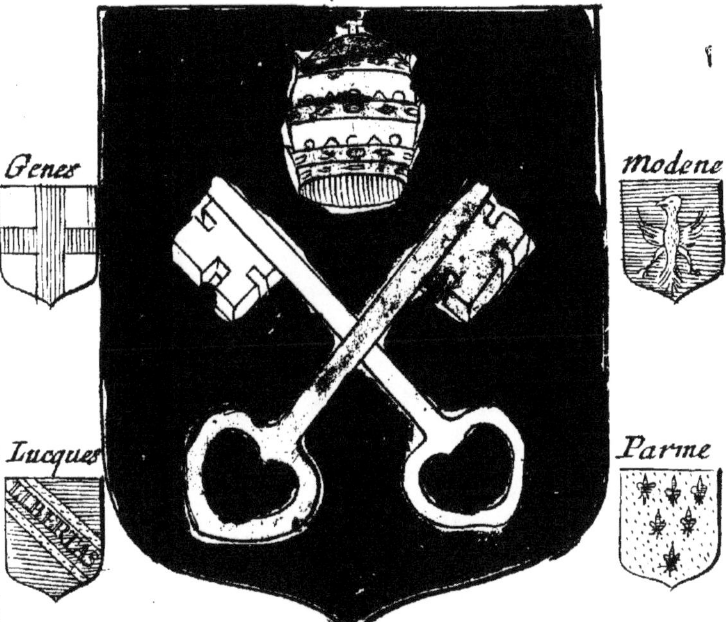

Lucques

LIBERTAS

Parme

de Gueules, a deux Clefs passées en Sautoir, l'une d'Or et l'autre d'Argent, Sommées d'une Tiare d'Or ornée d'azur, de Sinople et pourpre en fonds, et de pierreries.

Mayence

Bauiere

Empire d'ALEMAGNE

Treues

Saxe

Cologne

Brande bourg

d'Or, a l'Aigle esploié de Sable, membré, becqué et diademé de Gueules.

Böheme.

Palatinat

Austriche

DANEMARQ

d'Or, Semé de Coeurs de Gueules, a 3 Lions Leopardés d'Azur, Couronés, Lampassés et Armés d'Or.

NORVÉGE

de Gueules, au Lion d'Or
Armé et Couronné de meſme,
tenant une Hache d'Argent,
Emmanchée d'Or.

HOLSACE

De Gueules, a trois Oeillets et trois fueilles dOrties d'Argent mis en triangle au Coeur de lEscu qui est chargé dVn Escuson dArgent

SVÉDE

d'Azur, a 3. Couronnes d'Or.

POLOGNE

de Gueules, a l'Aigle d'Argent, Couronné, Membré, et Becqué d'Or.

LITHUANIE.

De Gueules, au Caualier d'Argent tenant d'vne main une Espeé haute, et de l'autre un Escu d'Azur chargé d'une double Croix Patriarchale d'or; le Cheual bardé d'argent Houssé d'Azur et Cloüé d'or.

CVRLANDE

D'Or, a la Cramaillée de Sable
qui renferme une Couronne,
un Chifre et une Machoire
de Güeules.

RVSSIE

de Sable, au portail ouuert d'Or ayant deux batans de portes et deux degrés de mesme.

MOSCOVIE.

de Gueules, a un S.t George d'Argent.

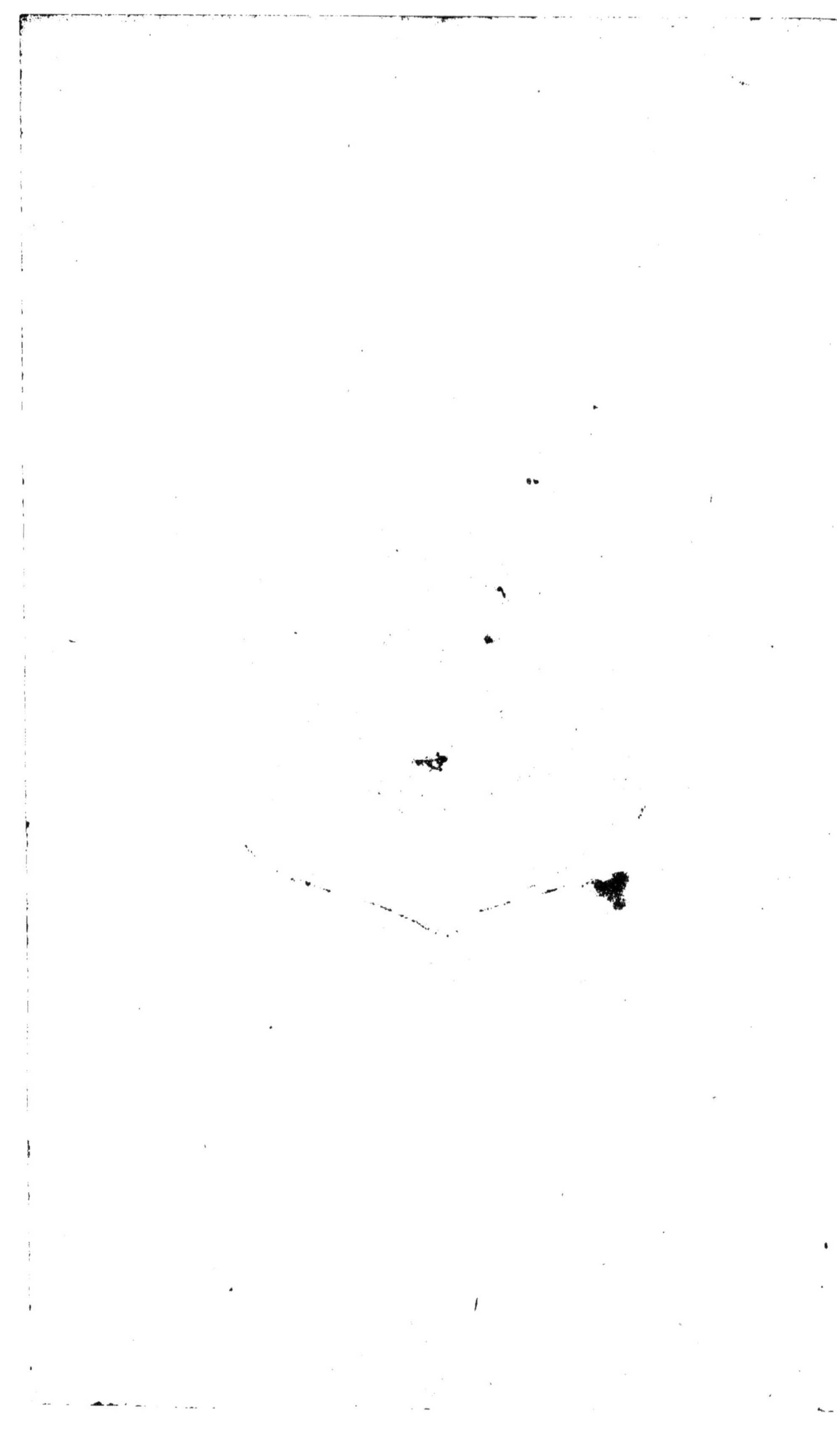

TVRQVIE

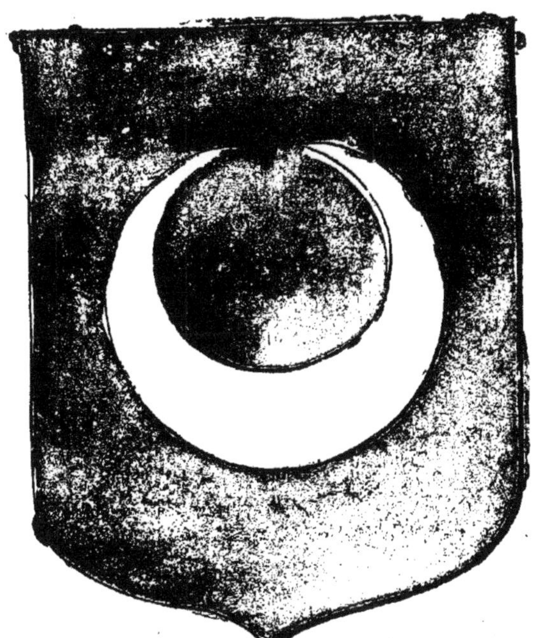

de Sinople, au
Croissant d'Argent.

HONGRIE

Fasce d'Argent
et de Gueules

TRANSILVANIE.

de Gueules, a Sept Montagnes d'Argent Sommées d'autant de Chasteaux de mesme.

Valaquie.

Moldauie.

PETITE TARTARIE

D'Or, a 3 Grifons de Sable, Armés de Güeules.

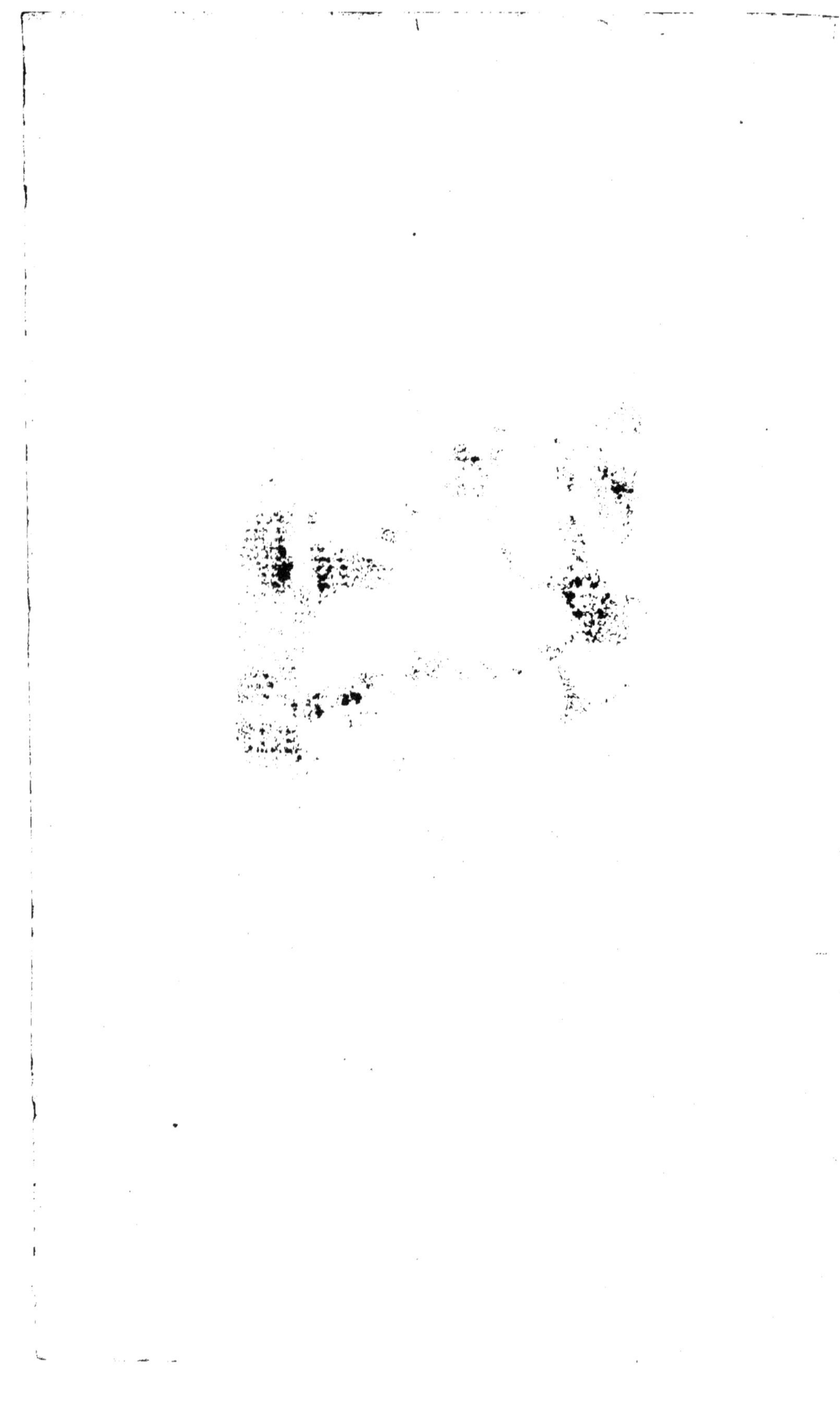

ANGLETERRE

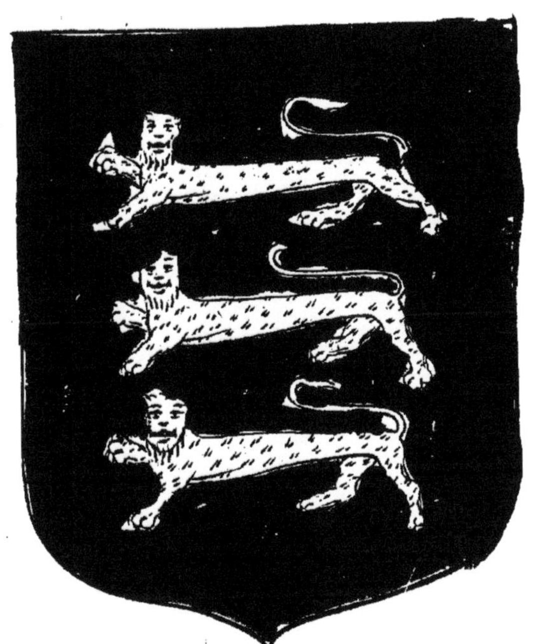

de Gueules, a 3 Léopards d'Or armés et Lampassés d'Azur, l'un sur l'autre.

ESCOSSE

d'Or, au Lion de Gueules dans un double Trescheur fleurdelisé et contrefleurdelisé de mesme.

CHINE

d'Argent, a trois Testes d'Hommes de Sable, posées de front, leur Bust vestu de Gueules.

IRLANDE

de Gueules, a la Harpe d'Or.

www.ingramcontent.com/pod-product-compliance
Ingram Content Group UK Ltd.
Pitfield, Milton Keynes, MK11 3LW, UK
UKHW020351180726
13839UKWH00003B/1036